이제 희로합니다

목경화 시집

명문

이제 퇴근합니다

초판 1쇄 발행 | 2024년 10월 8일

저자 | 목경화

발행처 | (주)명문기획
등록일 | 2010년 12월 10일
등록번호 | 제 2010-000236호
주소 | 서울특별시 중구 퇴계로31길 7(필동1가, 명문빌딩)
전화 | 02) 2079-9200~2
디자인·인쇄 | (주)명문기획

정가 | 11,000원
ISBN | 978-89-98888-94-7

※ 이 책은 저작권법에 따라 보호 받는 저작물이므로 무단전재와 무단복제를 금지하며, 이 책 내용의 전부 또는 일부를 이용하려면 반드시 저작권자와 명문기획의 서면 동의를 받아야 합니다.

_____ 님께

목차

1부 나의 시간들

- 8   음력 칠월 백중
- 9   새벽
- 10 선물
- 11 해거름
- 12 눈물
- 13 가을소식
- 14 흔들리는 봄
- 15 입춘이라더니
- 16 블랙커피
- 17 오후 네 시
- 18 퇴근 길

2부 당신인가 하여

- 20 눈 오는 날
- 21 당신인가 하여
- 22 아버지
- 23 건강검진
- 24 수제비
- 25 여인
- 26 쉼표
- 27 파도
- 28 간이역
- 29 기도
- 30 홍시
- 31 사람 향기

3부 그리움은 덤

- 34 안부
- 35 감정소환
- 36 나무 같은 그대
- 37 나의 계절
- 38 어머니
- 40 모닝커피
- 41 하늘색 편지지
- 42 잃어버린 날
- 43 익숙한 시간
- 44 기억해줘
- 45 다가오는 시간

4부 소중한 가족

- 48 엄마와 딸
- 50 젊은 당신
- 51 노을 닮은 너
- 52 엄마의 옷장
- 54 아픈 날
- 55 불면
- 56 구월을 기다려
- 57 행복 여행
- 58 여름날의 허기
- 59 커피는 핑계
- 60 내리사랑
- 61 첫사랑
- 62 빈자리
- 63 동서지간
- 64 외할아버지

5부 즐거운 놀이터

- 68 마주 잡은 손
- 69 문틈 사이로
- 70 봄 꽃
- 71 꿈
- 72 설레는 날
- 73 오월만큼만
- 74 행복 도시락
- 75 하늬바람
- 76 엄마 놀이
- 77 철없는 아이
- 78 소중한 인연

6부 나의 일터

- 82 평가인증
- 83 코로나 19
- 84 긴급보육
- 85 나는 계약직
- 86 자가 격리
- 87 비가 오는 날
- 88 어느새
- 90 출근길
- 91 고백
- 92 부산에서 온 아이
- 93 수원역 대합실
- 94 부모욕심
- 96 파리 목숨
- 98 선생님 보고 싶었어요
- 100 이제 퇴근합니다

시인의 말

편지지 한 장으로
넘치는 마음을 전하기 어려워
글 한 줄 적지 못했던 시간이 있었습니다.

하늘의 별이 된 사람을
그리워하고
흔들리는 눈물 뒤에
살짝 숨겨둔 나의 이야기를 고백합니다.

이십 년을 함께 울고 웃던 나의 놀이터
시립 매탄 어린이집을 떠나면서
마침표 하나를 찍고 싶었는지도 모릅니다.

일 년을 하루같이 나와 함께 지낸 곳

원장 선생님, 하고 골목 끝에서
뛰어오며 내 품에 안기던
아이들의 숨소리 그 목소리가
그리워지겠지요?

아름답고 행복했던 꿈같았던 고운 기억만 품고
매탄동 골목길을 뒤로하며
이제 마지막 퇴근을 앞두고 있습니다.

사랑하는 분들과
이 마음을 나누고 싶었습니다
그동안 참! 감사했습니다.

2024년 가을 끝자락에
목경화

목경화 시집

나의 시간들

나의 눈물은
그대와의 시간을 추억하다
보고파 터져버린
내 마음입니다

「눈물 중에서」

음력 칠월 백중

하얀 연등이 법당을 밝히고
극락 문이 열린다는 그날
비가 많이도 왔던 그해 칠월 백중 날

염주 사이로 마르지 않은 눈물이 흐른다
오십 두 해 짧은 소풍 길
인사도 나누지 못하고 서둘러 가버려
하늘도 울고 땅도 울었던 날

용주사 스님의 두드리는 목탁 소리
나지막한 불경 소리
혼자 남은 여인의 흐느끼는 울음이 엉켜있다

보낼 수도 지울 수도 없는
그리움을 품고
난 어찌 살라고

새벽

익숙한 공기 그 서늘함을 느끼며 오늘을 그린다
선을 긋고 점을 찍고 이리저리 뒤엉켜 있는
물음표의 행렬

끝내 풀지 못해 휘청거리는 새벽
아픔의 아우성이
1cm도 안 되는 열린 창 사이로
비집고 들어와 칼바람이 된다

애써 이불깃으로 막아보지만
세상을 비웃는 웃음소리가
환청처럼 들리는 새벽
커튼 사이로 아침이 오고 있다

선물

선물 속 숨어있는 쪽지는 언제나 감동이다
또박또박 힘주어 쓴 글자
'생일 축하해 잘 지내고 있는 거지?'
짧은 문자에 담겨있는 너의 마음

토해내지 못한 숱한 미로 같은 감정들
전화기 너머의 젖은 너의 목소리
'힘내' '보고 싶네! 아프지 말고'
눈물 한 방울 또르르
볼을 타고 흘러내린다

해거름

해가 서쪽으로 기울어 넘어지는
오후 다섯 시
붉은 옷으로 곱게 갈아입고
나에게 오늘 하루도 잘 지냈니?
안부 인사를 건넨다

해가 넘어가는 여름날 그림자는
흐물흐물 엿가락처럼 길게 늘어지고
옆으로 기대앉은
다섯 시의 얼굴을 보여준다

오후 힘이 빠진 걸음들이 절뚝이며 움직이고
끼우뚱 술 내음 풍기는 어둠의 거리에서
하루의 그림자를 삼켜버리고
아침을 준비하는 술잔을 기울인다

눈물

지금 내가 흘리는 눈물은
그대와의 시간을 추억하다
보고파 터져버린
울음보 풍선입니다

어쩌다 깔깔거리며 웃는 웃음은
얼룩진 눈물자국 숨기고 싶은
서러움의 가면입니다

불덩이같이 활활 타는 마음
이리저리 부채질만 하는
오십 대 고질병
갱년기의 아줌마 푸념입니다

가을 소식

빨간 우체통에 편지를 보낸 소녀
답장을 기다리듯
가을을 기다린다
이제나저제나 애타는 기다림
거리의 나뭇잎은 옷을 갈아입는데

가을 여행 소식 한 자락
한 달 후 달려갈
마음은 벌써
고창 선운사 붉은 꽃 무릇 만날 생각에
소녀처럼 두근거린다

새벽 이불깃을 당기는 가을
수채화 그림 같은 구월이
시월에게 답장을 보내왔다
조금만 기다려 달라고

흔들리는 봄

햇살이 창틀에 걸터앉은 나른한 오후
어디선가 들려오는
봄이 흔들린다는 노래 한 소절에
멈추었던 심장이 뛴다

서랍 속 감춰놓은
서툰 사랑 이야기
천구백팔십 년 삼월의 봄이
비틀거리며 내게 걸어오는 착각 속에

어느 해 삼월인지 기억나지 않은
오동동 뒷골목 가로등 밑
첫 키스의 멜로디가
귓가에 들려온다

흔들리는 봄처럼
사랑도 흔들리고
서투른 입맞춤
봄이 갸우뚱거리며 내게로 온다

아! 어쩌라고
ㄱ 봄에 사라진 사랑이여
흔들리는 봄이여
사람은 가고 없는데

입춘이라더니

바람이 세차게 부는 날
봄바람이 얼굴을 때린다
일기예보만 믿고 나선 길
아직 때가 이르다

게으름뱅이 나의 걸음걸이 언덕길에 숨이 찬다
괜한 심통에 "휴" 힘들어 바람에 말을 건다
바람이 등을 밀어주며 말한다
"힘들어하지 마"

봄이 왔다고 호들갑을 떨며
따라나선 봄나들이
정상에 오르고 보니
차가운 바람만 분다

입춘이라더니
봄은 아직 나에게
보여줄 마음이 없다

블랙커피

뜨거운 커피 한 모금
멈칫 가슴이 따끔하다
후끈거리는 마음 들킨 것 같아
숨소리가 거칠다

이 새벽에
잠 못 이루고
당신이 생각나는 건
뜨거운 블랙커피 탓인지
아직도 잊지 못하는
그리움 때문인지

오후 네 시

귓가에 머릿결 넘기듯
무심한 바람처럼
가만가만 토닥이는 위로

그냥 고개 끄덕이며
눈 한번 찡긋 깜빡여주는
미소를 보내주는 너의 위로

유월에 부는 하늬바람
치맛자락 하늘거리는 과하지 않은
딱 그만큼의 위로

들키고 싶지 않은 마음의 상처
유난 떨지 않고 묵묵히 지켜주는
그만큼의 너

퇴근길

힘겨운 하루를 마감하고
터벅터벅 걷는 늦은 퇴근길
세상과 타협하며 웃음도 팔고
때론 고함도 치면서
허세 부렸던 지친 하루

어깨가 빠질 것 같은 통증
묵직한 검정 서류 가방 속엔
사은품으로 받은 녹아버린
초콜릿 두 봉지

다리에 힘 풀려 주저앉고 싶을 때
비틀거리며 다가오는 3007번 수원행 버스
아이들이 기다리는 퇴근길

2부

당신인가 하여

몇 번이나
뒤돌아보았을지

이제는 알겠습니다

「아버지 중에서」

눈 오는 날

목화솜 같은 눈이 내리는 아침
첫눈 왔다고 철없는 딸의 함박웃음

아침 출근길
망가진 아빠의 트럭
언덕길을 오르지 못하고
눈물처럼 미끄러지며
제자리만 맴맴 돌고 있다

젖 먹던 힘까지 짜내며
엑셀을 밟던 발가락은 쥐가 나고
핸들을 움켜잡은 손
붉은색 핏줄이 선명하다

해 질 녘
지하 셋방 창문만 바라보며
아빠 발자국 소리 기다릴
딸들 걱정에
김이 모락모락 나는
호빵 담은 봉지 들고
집으로 뛰어간다

당신인가 하여

불어오는 바람이
당신인가 하여
두 팔 가득 바람을 맞이합니다

팔월 장마
끝도 없이 내리는 비
당신인가 하여 온몸을 비로 적십니다

오색빛깔 쌍무지개
당신인가 하여
마음으로 곱게 정성스레 품고 또 품습니다

팔월 백중날 어디선가 날아온
노랑나비 한 마리
당신인가 하여 심장이 두근거립니다

온 우주가 전부
당신인 듯하여
애틋하고 곳곳이 눈물자국입니다

아버지

젊은 날 거뜬했던
삶의 무게가
어느 날

허리 통증 때문인지
삶의 고단함 때문인지
무겁게 느껴져 내려놓고 싶을 때

바지허리띠를 한 번 더 동여매고
괜찮다 헛기침에
다시 짊어졌을 그 짐
힘들었을 그것을

이제는 알겠습니다

무거운 짐
내려놓고 가다가
가다가
가
다
가

몇 번이나
뒤돌아보았을지

이제는 알겠습니다

건강 검진

9시간의 공복 알 수 없는 이상한 약들을
위장에 밀어 넣고 아래로 쏟아낸다
삶의 흔적들을 깡그리 지우고 비우며
탈수기로 세탁물을 탈수하듯 물기를 쥐어짠다
몸의 독소를 모두 비워내고 정갈하게 준비된 나
하룻밤 사이 나의 몸은 내가 아닌 듯 낯설기만 하다
전쟁터로 나가는 힘없는 패잔병 걸음걸이로
병원 문을 밀고 들어간다
이제부터는 숫자로 불리는
15번 고객님이 되어 4번으로 가세요
9번 검사실로 가세요
아라비아숫자들이 머리 위로 날아다닌다
불리는 번호대로 주삿바늘이 혈관을 찾고
피를 뽑아내고 소변을 받고 몸속에 남아 있는 액체들을
끊임없이 짜내려고 하는 이상한 기계만 가득하다
가벼워진 몸은 복사기 같은 기계에 누워
하얀 A4용지처럼 앞으로 뒤로 복사하듯 이리저리 굴린다
두근거리는 심장 소리와 빨라지는 맥박
누구든 환자로 만들어 버릴 것 같은 공포가 밀려온다
그리곤 마치 주사 한 방에 스르르 눈이 감기며
긴 호스 입에 물고 공장 컨베이어 벨트 같은 침대로
끌려간다
도살장의 동물이 생각나 입술을 깨물고
눈을 꾹 눌러 감아 버린다
일어나고 싶지 않은 노곤한 몸
깨지 않았으면 좋겠다는 생각과 동시에
끝났습니다 일어나세요 간호사의 말소리
다시 깨어났다

수제비

마침 수제비가 먹고 싶었다
갑자기 하늘에서 꽃비가 떨어진다
멸치국물 내어 밀가루 반죽 툭툭 뜯어 넣은 수제비
언젠가 친구 집에 놀러 가 처음 먹어본 수제비 맛은
혀끝의 새로운 경험이었다
처음 먹어보는 구수한 국물 맛과 쫄깃한 밀가루 덩어리
생각해 보니 우리에게 엄마는 수제비를 끓여주지 않았다
언젠가 시집가서 몇 년을 쌀이 귀해
하얀 쌀밥은 구경도 못 하고 밀가루 한 포를 외상으로
얻어와 수제비만 끓여 먹었다고 하신 말씀을 잊고 있었다
왜 그 기억이 갑자기 지금 떠오르는지 모를 일이다

오랜만에 수제비를 맛나게 끓여드렸다
한 술도 뜨지 않고 60년 전 이야기만 풀어놓으신다
수제비는 식어가고 창밖의 빗줄기는
엄마의 삶처럼 더 굵어진다
수제비와 함께 눈물 젖은 엄마의 인생 이야기를 들었던 날
비가 오는 날

여인

매일 울 수도 없고
매일 웃을 수도 없는
여인
심장에 꽁꽁 묶은
매듭 하나 달고 사는
여인

가신 님 그리워
석 달 열흘 울다가
눈물이 말라버린
여인

억센 남자들과 부딪치며
웃음을 잃어버린 여인
날 닮은 두 딸 앞에선
웃음 파는 개그우먼이 되고
가득한 눈물 감추려고 선글라스로
허세 부리는 여인

서걱거리는 심장에
사연 보따리 차곡차곡
쌓아두는 여인

쉼표

잠시 쉬어가요
돌 틈에 이제 곧 고개를
빼꼼히 내미는 자그마한 풀꽃도 보고
개미들의 작은 움직임도
볼 수 있게

잠시 눈을 감아요
살랑살랑 춤추며 뛰어오는
봄바람도 맞고
문틈 사이 코끝을 간질거리는
갓 볶은 커피 향도 느낄 수 있게

쉼표 하나 찍어요
저녁이 풀려버려
신발 끈을 조일 기운조차 없을 때
쉼표 하나 찍으러 가요

마침표를 찍기 전에

파도

가슴에 일렁이는 파도
젊음 그 찬란했던 시간은
흔적 없이 파도에 실려 갑니다

어느새 돌아보니
철썩철썩 파도 소리
가슴을 내려칩니다

등댓불 밝히는 밤의 시간
빈 가슴 소용돌이 일렁이는 파도가
나를 찾아오는 거친 바다

새들이 떠난 바다에
파도 소리만 빈 둥지처럼
덩그러니 남아있습니다

육십 고개 넘어 보니
외로운 파도 소리
가슴에 한이 되어
나를 떠나갑니다

소리 없는 휑한 바람만 내게 남겨두고

간이역

우리들 삶의 여정에
수많은 간이역에서 타고 내리기를 반복한다
어느 날 절망이라는 역에서 그만 갈까 고민하다
또 다른 시간을 찾기 위해

새로운 간이역에서
동행을 기다리고 또 기다리고
그리고 희망한다

이즈음의 간이역은 어딜까 기대하며
오늘도 난 역 플랫폼에 서있다

기도

마음은 법 당
어디쯤에 내려놓고

바람에 이리저리
춤추는 촛불처럼
훅 불면 사라져 버릴
시간처럼

생의 조급함
마음 비우고
합장하며 머리를 조아린다

꺼지지 않은
가느다란 맥박처럼
불빛이 남아있어

두 손 모아
간절히 기도하며
안녕을 기원한다

간절한 마음
두 손 맞잡은 온기가
연꽃이 되어 피어나길

홍시

무뚝뚝한 경상도 아저씨
밥은 묵었나
지금 뭐하노
딸내미들은 왔나
참 재미없는 말투가
덜 익은 땡감처럼 떫다

술 한 잔 걸친 날은
그래도 홍시처럼 달콤하다
까칠한 턱수염 얼굴을
내 볼에 비비다
참 예쁘네! 우리 마누라
술김에 안 하던 말을 한다

감이 익어갈 가을이 오면
홍시 내음처럼 달콤한
그의 향기와
까칠한 턱수염이 그립다

사람 향기

경상도 감나무 집 며느리
수원으로 이사 온 지
스무 몇 해

이곳
사람 향기가 좋아
터 잡고 산 지
삼십 년

감 나무집 막내아들
광교 호수공원 밤하늘에
홀로 반짝이는 별이 된
그를 그리며

오늘도 헛헛한 빈 마음
막내아들 마음 닮은
이웃사촌 사람 향기로
하나씩 채워간다

목경화 시집

3부

그리움은 덤

그대가 궁금합니다
잠 잘 잤는지
밤새 별일 없었는지

「안부 중에서」

안부

숙면의 시간을 건너
빛의 근원 찾아 꿈틀거릴 때
그대 안부 궁금합니다
잠은 잘 잤는지
나풀거리는 마음 자락 궁색해
어리석음 벗어내는 회심

감춰둔 빗장 열어
나풀거리는 사연 전하며
봄 기지개에 귀 기울입니다

잘 지내고 있습니다
저는

감정 소환

스무 살
처음으로 만나 데이트하는
그녀 생각에
밤새 씻은 하얀 운동화를
부뚜막 귀퉁이에 올려놓고
얼마나 만지작거렸을까
그 머슴애는

몰래 만날 생각에 두근거리고
친구 만나러 간다고 거짓말하며
저녁내 치마만 뒤적거리고
콩닥콩닥 얼마나 설레었을까
그 계집애는

하얀 그 운동화
분홍색 치마만
유독 내 맘에 들어온 날
사랑의 첫 종소리

40년 전 기억이 소환되어
잠 못 이룬 새벽에
성당의 종소리가 울린다
땡 땡 땡

나무 같은 그대

늘 그 자리에 버티고 서서
오고 가는 발걸음 따라
그늘과 바람을 내어주는
한결같은 그대

듣는 귀 아무리 많아도
아무 말 전하지 않은
변하지 않은 소나무 같은 그대

세상이 아무리 요란하고 시끄럽게
소란을 부려도
이랬다저랬다 변덕 부리듯
추웠다 더웠다 비바람에 소용돌이쳐도

늘 그 자리에 끄떡없이
묵묵히 지켜주는 너처럼
나무는 늘
그렇게 서 있다

나의 계절

봄과 여름 사이
어정쩡한 걸음 뒤로
물러서 있는 나의 계절은
올리다 멈춘 긴 소매 셔츠처럼
긴 팔의 중간에 걸쳐있고

여름과 가을 사이
중심을 잡지 못하고
한발로 끼우뚱거리는
고장 난 시계 추처럼
나의 계절은 흔들거린다

물안개 피어오르는 호숫가의
경계처럼
잡힐 듯 잡히지 않는
가을과 겨울이 그 언저리

봄여름 가을 겨울 사계절의
선명한 온도보다
십일월인지 십이월인지
나의 계절은
기억을 묻어버리는 흐릿한 날이다

어머니

꽃 같은 스무 살 시절 처음 뵌 당신
이모님처럼 너그럽고 푸근한 모습이
얼마나 좋았는지 모릅니다
겁도 없이 사랑하나 달랑 믿고
오랜 연애 끝에 당신의 막내아들과
결혼을 했습니다

막내야 하고 불러주시던 다정한 목소리
생일날 꽃바구니에 꽂혀있던
우리 며느리 사랑한다던
그 편지가 지금도 마음을 울립니다

여름이면 뜨거운 불 앞에서 끓여주셨던
얼큰한 어머님 표 장어탕이 생각나고
겨울 김장철엔 온 식구가 둘러앉아
젓갈 내음보다 더 곰삭은 가족 간의 정
돼지고기 수육과 함께 먹던 김장김치와
칼칼한 웃음소리가 생각납니다

당신이 베풀어 주시던 큰 사랑
내리사랑의 도돌이표처럼
아이들에게 저도 감히 흉내 내어봅니다

그리고 고백합니다
어머님의 며느리여서 참 행복했다고
다시 태어나도 막내며느리 또 하고 싶다고

어머님의 따뜻한 손길이
눈물 나게 그리운 오늘입니다

모닝커피

출근길 사람들 손에 들린
차가운 커피 한잔
찰랑거리는 얼음 소리
밤의 졸음을 깨운다

길거리 늘어선 카페
하나 둘 모여 있는 젊은 부모들
아이들 아침은 먹여 보냈을까
괜한 걱정을 한다

달리는 차안
운전석의 옆 작은 공간에도
아침을 알리는 모닝커피 한잔
바야흐로 커피 공화국이다

하늘색 편지지

편지지 한 장으로
넘치는 마음을 전할 수 없어
쓸 수가 없습니다

그리운 당신에게
한 줄만 끼적이고
괜히 하늘만 올려다봅니다

마음을 모두 담을 수 있는
하늘색 편지지가
그곳에 있는 걸 몰랐습니다

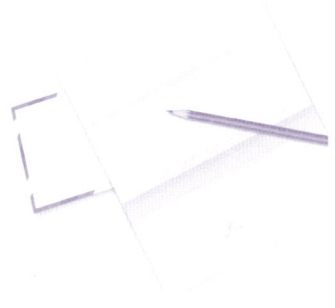

잃어버린 날

몇 년 전
부부의 날
널 위해 샀다며
내게 내민 장미 꽃다발

장미꽃만
흐드러지게 핀
오월

사랑해
툭 던진 한마디도
잃어버렸다

잃어버린 지 오래된
부부의 날

익숙한 시간

오락 프로그램 티비를 본다
남자들에게
어떤 여자가 예쁜가요?
오늘 처음 만나는 여자

세 살짜리 꼬맹이에게 묻는다
어떤 장난감을 갖고 싶어?
새로 사주는 장난감
웃으며 말한다

어떤 삶을 살고 싶은지
내게 가만 물어본다
새로운 삶은 두렵고
에너지를 쏟는 것이 이젠 지친다

외로울 때
그저 추억 하나씩 끄집어내
기억하는
그런 편안한 삶을 살고 싶다

새로 산 구두를 신을 때
뒤꿈치에 물집이 생겨 아픈 것보다
익숙한 구두 편안함의 익숙함이 좋다

더는 아프고 싶지 않다

기억해 줘

계절 넘으며 나누었던
마음속 이야기
만질 순 없었지만
가슴에 남았던 허기
숙면을 놓친 흔적
뒤척이던 허술한 잔상

산책길에 만난 바람의 촉수
땅 밟는 태생적 순환
꽃눈 깨우는 순례자의 발길
돌 틈 속에서 뿌리내린 민들레
언제나 그곳에서
봄 알리는 전령들
기억해 줘

다가오는 시간

정해진 계절의 시간을 알리며
째깍째깍 초침의 소리가 크게 들린다
열두 계절의 마무리
겨울을 향해
달리다 주춤
주춤거리다 발걸음을 뗀다

두려웠다가
기다렸다가
신이나기도 하고
또 무섭기도 한 시간이
걸어온다 내게
뚜벅뚜벅

다가올 시간 속에 펼쳐질
인생이막의 시작
주문을 건다
잘하고 있고
잘될 것이고
빛 날것이다

목경화 시집

소중한 가족

하늘의 별이 된 아빠
내 탓인 것 같아
미안해하는 엄마에게
그리움으로 채울 수가 있어
다행이라던 딸의 말

「엄마와 딸 중에서」

엄마와 딸

사랑하는 딸아
엄마가 너희를 얼마나 자랑스러워하는지
너희로 인해 참으로 행복한 순간들이 많았어

사랑하는 딸아
이제 어른이 되어
치열하게 살아가는 너희들을 보면
마음이 아리고 아프지만
잘 해내고 있어 얼마나 대견한지

자랄 땐
제일 예쁜 옷을 입히고 싶었고
행복한 가정을 선물해 주려고
아빠와 엄만 밤낮으로 노력했단다

많은 걸 해줄 수 있는 나이가
이젠 점점 멀어지지만
사랑하는 너희랑
함께 걸어가고 많은 이야기 나누는 지금이
참 행복하단다

하늘의 별이 된 아빠
내 탓인 것 같아
미안해하는 엄마에게
그리움으로 채울 수가 있어
다행이라던 너의 말

젊은 당신

당신은 좋겠네
늘 그리워하는
마누라가 있어서

당신은 좋겠네
아빠를 존경한다는
딸들이 있어서

당신은 좋겠네
최고라고 기억해 주는
친구들이 있어서

당신은 참 좋겠네
늘 내 마음에 청년으로
남아 있으니

노을 닮은 너

흔들리는 내 어깨를
작은 손으로 토닥여주는
넌 내게 위로였고

누구에게 들키지 않으려고
혼자 울고 싶은 날
조용히 들어와 시집 한권을 건네주고
아무 말 없이 문을 닫아주고 가는
넌 항상 내게 위로가 되어주는 딸

퇴근 후
너와 만나 함께 먹는 저녁은
상현 역 부근 바쁜 발걸음 뒤로 걷는
저녁노을 같은 위로였고

하루를 문 닫는 새벽
내가 잠들 때까지
이런저런 일상의 이야기를
속삭이듯 건네주는 넌
따뜻한 온돌 같은 위로였어

사랑하는 가은아
나에겐 넌
누구도 대신 할 수 없는
위로가 되어준 딸이야

엄마의 옷장

삼십육 년생 엄마는 올해
여든아홉 병자년 쥐띠입니다
밥보다 옷 욕심이 많은 엄마의 방 옷장에는
이야기가 가득 걸려있습니다

엄마의 어머니가 해주셨다는
노랑·빨간 치마저고리 이야기
신혼시절 아버지 몰래 장만한
비로드 벨벳 원피스 이야기

칠십 년 전 일을 어제 일처럼 말씀하실 때
엄마의 얼굴은 발갛게 달아올라
수줍은 열아홉 소녀로 변하곤 합니다

방마다 장롱 하나씩 계절별로
색깔별로 종류별로 정리된 옷장이
이제는 추억이 되고
엄마의 위로가 되는 친구입니다

우연히 발견한 자개장롱 맨 아래 칸 서랍 안에
얌전하게 앉아있는 분홍색 한복 한 벌
고운 분홍 보자기에 숨어있는

구부정한 메모하나 '엄마 갈 때 입고 갈 옷'
딸의 눈물 한 방울을 엄마의 비밀 보자기에
같이 넣어 꽁꽁 싸매어 둡니다

아무도 찾지 못하는 엄마의 옷장
맨 아래 칸 비밀 서랍장

아픈 날

아프다는 말을 누구에게 하지 못하고
끙끙거리고 있을 때
우연히 걸러온 전화 '뭐해' 한마디에
눈물이 핑 돕니다

넘어져 무릎에 난 상처처럼
저녁노을이 나처럼 짠하다 느낄 때
'오늘 저녁 시간 어때 같이 밥이나 먹을까' 문자에
그냥 눈물이 핑 돕니다

새벽 창문에 덜컹거리는 찬바람이
내 맘같이 휑할 때 '잘 자'
이모티콘 하나에 코끝이 아립니다

나이만큼 늘어나는 약들을
입속으로 구겨 넣고 뜨거운 보리차만 마셔대는
마음이 아픈 날

불면

새벽을 힘겹게 밀어내고
아침을 맞이한다

반짝이는 긴 밤의 별들이
어디론가 바삐 돌아가고
붉은 해가 떠오를 즈음
이제야 눈이 감긴다

시간이 거꾸로 자꾸만 걸어가고
발은 허공에 둥둥 떠다니고
기억 상실 몽유병 환자처럼
꿈속을 헤맨다

어두운 영화관의 비상구의 불빛
한 줄기 빛을 찾아
절뚝거리며 출입구로 나아간다

구월을 기다리며

구월이 오기를 기다렸습니다
지난여름 그 뜨거웠던
당신의 입김이 식어가기를
구월이 기다리라고 합니다
마지막 한 계단만 내려가면 된다고

선물들을 풍요롭게 보내주겠지요
살랑대는 바람과 소박한 들 꽃
그리운 이들의 반가운 소식도
기다립니다

오시거든 쉬이 가지 마셔요
빈 마음이 그득해질 때까지
곳간에 가득 가을 열매로
가득해지거든
가을 그림 완성할 때까지

행복 여행

그대가 너무 보고 싶어
어젯밤 터져버린 울음보
마음속 호수가 넘쳐

꿈길에 만난 그대
환하게 웃으며 건네는
열두 장 사진 속의 우리

삼백육십오일 그 속에 숨어있는
너와 나의 기억 속 보물 찾으러
떠나는 우리 둘의 행복 여행

여름날의 허기

여름 해가 길어진 틈을 타 서둘러 길을 나선다
붉은 노을 내려앉기 전
초록 연두 합창이 어우러진 광교 호숫가
딱히 약속도 없는데 바쁜 걸음을 옮긴다

지팡이 친구 삼아 저기 멀리
앞서 걷는 노부부 느릿한 걸음이
여름 호숫가 잔잔한 물결 따라
소풍 나온 원앙 오리 두 마리와 닮았다

노을이 호숫가 내려앉은 그 시간
물결 기우뚱거릴 때 눈치 없는 배속의 울림
꼬르륵 소리에 놀라 혼자 걷는 나의 저녁
외로움에 허기져 서둘러 집으로 발걸음을 옮긴다

커피는 핑계

지난밤 꿈에 만난
커피 향 닮은 너

너를 보고픈 마음에
커피를 마시며

밤이 오기만 기다린다

내리사랑

물줄기가 아래로 흘러내리듯
사랑도 아래로 흘러넘친다
엄마가 딸에게 아들에게
딸이 그 딸에게 쏟아붓는
강렬한 사랑의 힘

꽃샘추위가 시샘하듯
구순 노모의 안위는
전화기 너머 안부만 묻고
다섯 살배기 손녀의 독감은
걱정으로 밤을 꿀꺽 삼킨다

밤새 물수건 들고 안절부절못한
내 딸이 걱정되어
체온계 눈금만큼 엄마 걱정도 쌓여간다

오를 수 없는 물줄기는
사랑의 크기만큼
아래로 멈추지 않고
흘러넘친다

첫사랑

한 다발에 삼만 원
퇴근길 꽃 파는 트럭 앞 메모에
마법에 끌리듯
주황 장미 한 다발 가슴에 품었다

두근거리는 그날처럼
서투른 사랑 가슴앓이 열병
그 사랑을 가슴에 품고
오늘 밤도 그날처럼 잠 못 이루고

봄밤에 주황 장미 한 다발
첫사랑 꽃말처럼
그 사람을 만날 수 있었으면
얼마나 좋을까

밤새 뒤척이며 몸살을 앓고 난 후
맡는 주황 장미꽃향기가
첫사랑 서투른 첫 키스의 향내처럼 달콤하다

아침 해가 붉은빛으로
수줍게 웃으며 봄밤의 비밀을
지켜주며 수줍게 웃으며 떠오른다

빈자리

별이 되어 간 당신의 빈자리
꽃 같은 아이들이 채워줍니다
생일날 모인 자리
어버이날이라고 함께한 자리에
자꾸만 눈길이 가는 비어있는 한자리

당신이 주신 선물
보석 같은 아이들이
빈자리 채워줍니다

불면 날아갈까
밟으면 깨질까
살금살금 조심조심 귀하게 여기며
당신의 빈자리
손자 손녀의 귀한 웃음으로
그득하게 채워갑니다

동서지간

나보다 한 살 많은 안동김씨 큰 며느님
결혼 후 친구 같은 동서지간
신혼 초 다가가기 어려웠고
이제는 세월 지나 든든한 동지처럼
힘이 되는 시댁 형님

안동김씨 양반집이라 별것도 없더구먼
예의범절 엄하고 일 년 제사만 여덟 번
멀리 있는 동서 죄송한 마음
괜찮다 괜찮다 싫은 내색 한번 없이
혼자서 다 해내시는 여장부 형님

세월 지나 육십이 넘고 보니
넉넉한 형님의 마음 그림자처럼 따라가고
노을처럼 고운 마음 닮아갑니다

외할아버지

당신 닮은 아이를 낳고 싶었습니다

삼십년 전 둘째딸 출산 후
서운한 내게 내민 장미 꽃 한 다발
복숭아 향 그 꽃향기가 아직도
코끝에 남아있습니다

큰딸이 남자아이를 낳았습니다
새 생명의 탄생 앞에 까닭모를
기쁨의 눈물이 흘렀습니다
삼십 년 전 그토록 품고 싶었던

폭염속의 팔월
터질 듯 부어오른 만삭의 배를 보며
삼신할미에게 빌고 또 기도했습니다
건강하게만 해달라고

기쁨의 눈물이 볼을 타고 흐르고
유리창 너머로 보이는 갓난 아이
할아버지 얼굴이 보입니다

언뜻 보이는 볼우물 넓은 이마
코와 입 신기하게 닮아있는 보조개
외할아버지 모습과 똑 닮아있습니다

딸에게
분홍 장미꽃을 안겨주어야겠습니다
그 옛날 당신이 내게 전해 주었던 것처럼
복숭아 향이 나는 꽃향기를 기억하라고

목경화 시집

즐거운 놀이터

선생님은
왜 우리를 꽃이라고
불러요?

그건 말이야
너희가 꽃보다 예쁘니깐
선생님의 눈엔
모두 천사들 같아

「봄 꽃 중에서」

마주잡은 손

손을 잡는다는 것은
서로 의지하고
온전히 믿는다는 것이다

엄마의 손을 잡고 온 어린아이가
울지 않고 선생님 손을 잡고
뒤뚱거리며 교실로 걸어가는 뒷모습이

첫사랑과 떨리는 마음으로
처음 손잡았던 그 느낌처럼
따뜻하고 뭉클하다

문틈 사이로

빨간 우체통에 편지를 보내고 온 소녀
매일매일 답장을 기다리듯 봄은 기다림이다
이제나 저제나 애타는 기다림에
문을 열었다 닫을 때
새벽에 부는 바람 아직은 코끝이 맵다

문틈사이 조금씩 기쁜 소식 한 자락
바람과 함께 전해들을 것 같아
소풍가기 전날 소녀처럼 두근거린다

살짝 열린 문틈사이 어느새
멋진 봄 동산 꾸밀 준비가 끝났다고
답장을 보내왔다

봄꽃

봄이 왔어요
길가에 꽃들이 방긋 방긋
꽃 따라 우리도 방긋방긋

개나리 진달래 봄 까치꽃
우리처럼 이름이 있어요

개구쟁이 태우
잘 우는 사랑이
잘 웃는 소담이
밥 잘 먹는 우람이
수다쟁이 상민이
말이 없는 하늘이

선생님은
왜 우리를 꽃이라고
불러요?

그건 말이야
너희가 꽃보다 예쁘니깐
선생님의 눈엔
모두 천사들 같아

꿈

간밤에 뒤척이다 꿈을 꾸었다
아침 기분이 좋은걸 보니
왠지 좋은 일이 생길 것만 같다

내가 꾸는 꿈
그대의 길이 되는 꿈
앞서 걸어가는 길 따라
누군가 꽃씨를 심고
간절한 마음으로 꽃길을 만드는 꿈

잠 못 드는 숱한 밤
마음에 반짝이는 은하의 별
꿈에서
꽃으로 피어나길

내가 앞서 걷는 이 길이
내가 먼저 꿈을 꾸는 새로운 도전이
후배들의 길잡이가 되기를
편히 올 수 있는 꽃길이기를

설레는 날

왠지 좋은 일이 생길 것 같은
두근거리는 오늘
그대를 만나러 뛰어가
덥석 손부터 잡고 싶은 그런 날

보고픔에 눈을 감으면 떠오르는 얼굴
그의 향기에 취해
꼭 안아 주고 싶은 지금

설레는 날
보고픈 얼굴 만나기로 한 오늘
꽃 보다 고운 향기로
노란 꽃 같은 함박웃음으로
할머니 하고 안겨올
소담이 만나는 오늘
설레는 날

오월만큼만

오 월 만큼만 사랑하소서!
유월의 초록 잎사귀보다 여린
연두의의 풀잎만큼
진하지 않게 사랑하소서

오월의 햇살처럼 사랑하소서
너무 뜨겁지 않은
따뜻한 햇살에 살짝 기댈 수 있는
엄마 품속 같은 그런

오월의 마음처럼 사랑하게 하소서
내리사랑 치사랑 감사의 향연
세상을 품을 수 있는 그런 오월만큼
그런 오월만큼만 사랑하소서!

행복 도시락

젊은 엄마의 행복 도시락
아이들이 잠든 시간
살금살금 새벽밥을 짓는다

동그란 계란 얼굴
소시지 코
검정깨 작은 눈
활짝 웃는 당근 입
오목한 보조개는 방울토마토

어릴 적 소풍날을 떠올리며
계란지단을 만들며 노래를 부른다
아침 햇살이 창문에 환하게
엄마 따라 웃는다

하늬바람

이제 곧 뜨거워 질 태양
그 사이 불어오는
시원한 하늬바람은
반가운 소식을 부르는
손짓이리라

물놀이 중 까르르
웃는 아이의 웃음소리
매미의 몸부림치는 울음소리
그러는 날의 하루
세차게 내리는 빗소리도
모두 반가운 손짓이다

엄마 놀이

꼬마 앞치마를 입고 흉내를 낸다
'어린이집 가야지'
'잘 놀고 있으면 엄마가 올 거야'
'울지 말고 뚝! 착하지'
교실 한쪽 역할 영역
엄마 놀이를 하는 아이들

점심시간
꼬마 선생님들이
'채소도 먹어요 그래야 예뻐진대요'
'우유도 많이 먹어요'
'그럼 키가 쑥쑥 자라요'
선생님 놀이 하는 아이들

아이들도 다 아는 모범 답안
낮잠시간엔 자야하고
점심시간엔 밥을 잘 먹어야 한다는 것을
애착인형 하나씩 안고
엄마 아빠 만나는 꿈을 꾸는
천사 같은 아이들

철없는 아이

어릴 적 내 별명은 단지였다
동그란 얼굴이 오동통하게 생겼다고
어릴 적 동네 어른들이 붙여준 별명이다

딸들이 붙여준 울보란 별명
드라마를 보다가 노래를 부르다 책을 읽다가
혼자 잘도 훌쩍거린다고 붙여준 별명이다

내가 듣고 싶은 별명은
철없는 어른 아이
지금처럼 마음은 이십대
늙고 싶지 않은
호호 하하 할머니
영원한 어른아이 소녀이고 싶다

소중한 인연

시립 매탄 어린이집이란 곳에서
원장과 교사로 원장과 직원으로
길게는 십 년 짧게는 이 삼년
이곳에서 맺은 많은 사람들과의 인연들

딸 같은 교사들
동생 같은 조리사님
한 곳에서 20년
수많은 사람들과 인연

때론 힘들 때도 있고
또 어느 날은
생각지도 않은 고마움으로
날 울컥하게 만든 일들

부모님들과 문제기 생기면
언제나 교사들의 입장에서
대변인 역할을 마다하지 않았고

엄마 같은 마음으로
언니 같은 심정으로
아이를 돌보는 거룩한 일을 하는 우리 선생님
힘든 세월 함께 지나온 이십 년의 시간들

오랜 시간 나와 함께한 많은 사람들
돈으로 살수 없는 보석보다 귀한
소중한 인연들

목경화 시집

6부

나의 일터

아름답고 행복했던
사랑이 가득했던 동산
마음 한편에 소중히 간직하고
매탄동 골목길을 뒤로하고
이제 퇴근하려 합니다

「이제 퇴근 합니다 중에서」

평가인증

코로나로 미루어진 어린이집 평가인증
걱정이 한 가득 돌을 얹어 놓은 듯
어깨가 무거워 진다
갑자기 머리도 아프고 뒷목도 뻐근하다

누구를 위한 평가인지 알 수 없지만 해내야한다
교사회의를 하고 서류를 준비하고
시설 점검을 하고 상호작용 교육을 하고
교사들의 눈치를 살피고
해도 해도 끝이 없다

5월 평가를 앞두고
3월부터 달려온 시간들
하루하루 지쳐가는 시간들
감정이 아프고 서로 보이지 않은 살얼음
어쩌나 교사들의 단체 행동
막다른 골목에 부딪혀 뛰어내릴 벼랑도 없다

모든 걸 내려놓고 싶을 때
다독이며 토닥이고 무사히 끝내고
받은 결과 통보서 한 장
귀 어린이집은 우수한 성적으로 A 평가입니다
A4용지 한 장이 비웃듯 바람에 날려간다

코로나 19

몸살을 앓고 있다
젊은이나 늙은이나
남자나
여자나
아이들도
마스크로 둘러싼 코가 맵다

너무나 많은 말들을 쏟아낸
사람들의 허물
이젠 입을 닫아야 한다
그래야 한단다

오늘도
내일도
마스크에 갇힌 입김이
답답하기 그지없다

아이들이 말을 잃어가고
아이들의 목소리도 들을 수 없다
표정 없는 아이들 얼굴
마스크에 묻혀버린 혀들이 이리저리
몸부림치며 염증이 생겼다

긴급보육

코로나 19가 기승을 부리고
확진자 수는 매일 늘어나고
직장 다니는 맞벌이 부모들의 한숨 소리
교사들의 걱정스러운 눈빛
온종일 마스크를 해야 하는 아이들
2주간의 휴원 결정 근심만 늘어난다

모두가 애타는 마음
휴원 중 긴급보육 지시가 떨어지고
직장 일 이런저런 이유로
70% 이상의 등원 아동
말뿐인 휴원
긴급이 아니고 일상적인 보육

열 체크도 해야 하고
환기도 시켜야 하고
거리 두기도 해야 하고
소독 방역 일지도 적어야 하고
해야 할 일만 늘어나는
긴급보육 기간

나는 계약직

나는 남들이 부러워하는
능력 있는 월급쟁이 원장
어중간한 위치의 직장 대표자이다

노동부 · 보건복지부. 시 군·구의
해당 부서마다 다른 업무 지시와 점검
그리고 강도 높은 감사
그에 따라 달라지는 권리와 의무

빠르게 변해가는 MZ 세대
까칠한 젊은 엄마들과
개성 강한 교사들의 대변인
중간에 끼어있는 허울 좋은 원장

감정의 극한직업
예상 못 한 민원 업무
부딪치는 능력의 한계
자존감은 바닥이지만
그래도 바보같이 아이들을 사랑하는

나는 5년 계약직 원장이다

자가격리

네모에 갇혀
목소리를 잃어버린 사람들
톱니바퀴에 물려 돌다가
멈추어버린 우리는
자 가 격 리

세상의 울타리에 갇히고
생각도 멈춰버린
아무것도 할 수 없는
우리는 모두가
자체
자 기 격 리 중

비 가 오 는 날

우산을 챙기기 전 바깥 놀이를 못해
실망하는 꼬마들이 떠올라
출근길 습관처럼 오늘의 날씨를 확인하고
미세먼지 농도를 체크하는 나의 손
바람이 얼마나 불까

따뜻한 햇살이 창문에 비치는 날이면
어느새 내 입가에도 미소가 생긴다
놀이터에서 싱그럽게 뛰어 놀고 있을
꼬마들 생각에

나는 바보 원장이다

어느새

어느새
여기까지 왔다
익숙하지 않아 서툴렀지만
앞서 걸어가는 뒷모습을 보며
발자국이 이끄는 그 길로 따라 걷다보니
어느새 이 만큼 왔다

바쁜 새벽이 지나고
눈꺼풀이 감기는
늦은 오후
하품이 친구하자고 덤빈다

햇살이 비집고 들어오는
창문 너머 지친 하루
걸터앉아 졸고 있는 작은 새
그 옆을 지나가는 가방을 둘러 맨
아이들의 뒷모습이
애잔한 오후 네 시

봄 인가 했는데
연두가 발끝을 톡톡 치고
초록으로 곧 물들 여름이 오고
나를 닮은 고운 가을이
그리고
겨울이 달려 올 나의 바쁜 시간들

어느새
십년의 강산이
두 번 바뀌는 시간을
그리움과 함께 걸어왔다
혼자

출근길

8시 출근하기 위해 승강기를 누른다
13층 도착, 내려가다 9층에서 승강기가 멈춘다
한참을 기다려도 나오지 않고
잠깐만요 하는 7살 아이의 익숙한 목소리
언제나 바쁜 듯 헐레벌떡 뛰어오는
두 아이의 9층 엄마

직장인 엄마의 이른 출근길
7살 꼬마 '기다려 주셔서 감사합니다'
내게 인사를 한다
'이런 아드님 두신 어머니는 좋으시겠다'
하니 씩 웃는다

여름 장마철
자주 늦어지는 9층 엄마의 출근길
안겨있던 아이의 우유병 기저귀
많은 짐이 눈에 아른거린다
9층에서 멈춘 엘리베이터 한참을 기다린다

출근은 잘 했을까
친정엄마 외할머니 마음으로
괜한 걱정 출근길 발걸음이 무섭다

고백

고백 합니다

나는 나를 온전히 드려 내지고 못하고
타인의 마음을 잘 알지도 못 합니다
관심을 보이면 일단 경계부터 하고
한번 마음을 주면 헤어 나오지 못하는
바보입니다

눈물을 참아야 할 때 울기도 잘하고
잘 웃지 못하는 무뚝뚝함에 오해를 받기도하고
실없는 농담에 얼굴을 붉히기도 하는
여장부 같지만 사실은 개미도 무서워하는
겁쟁이임을 고백합니다

소녀처럼 예쁜 것만 좋아하고
철없는 행동으로 딸들에게
늘 걱정시키는 모자란 엄마지만

떨어지는 낙엽하나에도 눈물 흘리며
길가에 이름 없는 들꽃 한 송이도
허투루 보지 않은 따뜻한 마을을 가진
시인이고 싶습니다

부산에서 온 아이

친구아 안녕
부산에서 여름에 이사 온
새 친구
아이들에게 인사를 한다

안녕! 한마디 모기소리만큼
작은 목소리로 말하고
부끄러워 얼굴 빨갛게
엄마 등 뒤에 숨는다

화장실 가는 시간
부산에서 이사 온 아이
급하게 화장실을 찾는다
친구들이 양보하니
들릴 듯 말듯
"고맙데이 아이고, 오줌 쌀 뻔 했다"

부산에서 이사 온 아이 말에
이게 무슨 말이야
재미있다고 깔깔깔 웃는다

수원역 대합실

12월 역 대합실 그곳엔
가고 오는 사람들의 시간이 잠시 머물고
여행객의 들뜬 목소리로 시끌시끌하다

대합실 구석진 한쪽
추운 날 콘크리트 바닥
냉동 창고 같은 구석에 자고 있는 남자
누구의 아버지 누구의 남편이었을
무너진 삶의 한 남자
폐지 박스 위에 등이 굽은 남자

대합실 한쪽 따뜻한 카페
젊은 남녀 한 쌍
자석처럼 끌어안고 입을 맞춘다
이별의 시간이 다가온다

역 대합실 겨울 풍경
힘겨운 삶과
내일의 사랑이 함께
차가운 바닥에서 꿈틀거리며 동이 튼다

부모의 욕심

우리 아이 예쁘게 봐 주세요
우리 아이 밥 좀 잘 먹여주세요
선생님 아침 약도 먹여주세요
우리 아이 울면 안아서 달래 주세요

낮잠 잘 때 업어서 재워 주세요
매일 매일 궁금하니 사진 올려주세요
하루일과 퇴근하기 전 기록해 주세요
모기 물리지 않게 해 주세요

늦어도 아침간식 남겨주세요
머리 좀 예쁘게 묶어주세요
해 주세요 해 주세요 부탁드려요
공손한 말투 속에 숨어있는
부모들의 욕심

선생님은 언제 쉬나요
화장실은 언제 가나요
수업준비는 언제하나요

우리들도
소중한 딸이고
누구의 귀한 며느리이고
퇴근시간만 기다리는
소중한 아이들의 엄마입니다

배려해주세요
존중해주세요
자존감 지켜주세요
응원해주세요

원장의 소박한 부탁입니다

파리 목숨

한 사람이 직장을 잃었다
느닷없이 해고를 당한 것이다
매우 열정적이었는데
우리는 안다
절대 잘못하지 않았다는 것을
재수가 없었을 뿐이란 걸 안다

어젯밤 내가 파리채로 파리 한 마리를 죽였다
약 올리듯 계속 웽웽거리며 나를 따라다니던
파리 한 마리
파리채로 강하게 내리쳐 잡았다

5년간 아이들에게 쏟은 정성과
24시간 모자라 늦은 시간 야근을 밥 먹듯 하고
그 어려운 보고서도 척척 만들어 내고

회계사 못지않게 해내는 정산서류
때론 주택 관리사도
조리사도 되었다가 간단한 전기도 고치고
이일 저일 닥치는 대로 모든 걸 해내는
해내고야 마는 안쓰러운 우리

언제까지
파리채에 휘둘림을 당해야 하는
파리가 되어야 할까
오늘도 파리채가 어디로 날아갈지
눈치만 보는 우리들

선생님 보고 싶었어요!

유난히 크게 울리는 전화벨 소리 따르릉
안녕하세요? 원장입니다
전화기 너머 머뭇거리는 숨소리
혹시 예전 마산에서 고등학교 무용선생님 하셨나요?

네 그런데 누구세요?
저 은주예요 기억하시나요?
침묵의 몇 초
내가 너를 어찌 모를까

대학 졸업 후 교직생활을 했다
강산이 네 번이나 바뀐 40년의 세월
첫 담임을 맡았던 1학년 8반 아이들
시간을 초월한 너와의 통화

그중 결석대장 지각대장 인 너
옛 선생을 찾아 주는 떨리는 목소리
오래된 괘종시계 추처럼 묵직하게
큰 울림으로 쿵하고 다가온다

보고 싶었어요! 선생님
얼마나 찾았는지 몰라요
울컥 이는 너의 이 두 마디 말이

내 생애
최고의 선물이 되었어
보고 싶었어 은주야 나도

이제 퇴근합니다.

매탄동의 좁은 골목길 그 끝
이십 년을 함께 울고 웃던 나의 놀이터
시립매탄 어린이집이 있습니다

아침마다 환청의 노래처럼 들리는
엄마 찾는 아이들 울음소리
선생님과 함께 까르르 웃는 아이들 웃음소리
내 인생 모두가 녹아있는 직장입니다

새봄 신입 아이들 표정에서
삼월의 시작되고
꽃의 계절 오월엔
병아리처럼 나란히 소풍도 가고
여름엔 함께 첨벙거리는 물놀이로
덩달아 나도 아이가 되는 곳
단풍 붉은 가을엔 부모님과 음악회
겨울엔 김장도 담그며
일 년을 하루같이 보낸 사랑의 일터

아침마다 원장 선생님 하며
골목 끝에서 뛰어오며 내 품에 안기던
아이들의 숨소리 그 목소리가
한낮의 꿈처럼 그리워지겠지요

아름답고 행복했던
꿈과 사랑이 가득했던 우리들의 동산
마음 깊은 곳 소중히 간직하고
매탄동 골목길을 뒤로하고
이제 마지막 퇴근을 하려 합니다

그동안 참 감사하고
고마웠습니다

새로운 비상을 위하여

북쪽 바다의 물고기 '곤'이 변해서 된 새가 '붕새'다. '곤'의 크기는 몇천 리나 된다고 하는데, '붕새' 또한 길이가 몇천 리나 되는지 알 수 없이 큰 새다. '붕새'가 한번 날면 9만 리를 오를 수 있고 날개는 구름처럼 하늘을 뒤덮는다고 한다. 그런 '붕새'가 날아오르며 바람을 일으키면 그 바람에 파도가 일어 3천 리에 이를만큼 큰 파도가 된다. 이 '붕새'는 북쪽 바다를 벗어나 끊임없이 남쪽 바다로 날아가려 한다.

이 이야기는 「장자」 「소요유」에 나오는 이야기다 장자는 깨달음을 얻은 상태, 즉 거듭난 상태를 '붕새'에 비유하였으며 남쪽 바다는 이상세계이다. '붕새'는 어디에도 얽매이지 않고 자유로운 세계를 마음껏 누리는 위대한 영혼이다.

목경화 시인의 시집, 『이제 퇴근합니다』는 또 다른 '곤'에 관한 이야기다. 목 시인은 매우 열심히 산 '곤'이다. 그가 일하던 어린이집은 하루도 변함없이 20여 년을 가꾸어 온 밭이었고, 그 이랑마다 손 가지 않는 데가 없다. 밭이랑 틈새마다 밤잠 설치며 키워온 문학의 밭에서 시인은 이제야 그 '곤'의 이야기를 내놓게 된 것이다.

시인은 때로 '하늘의 별을 그리워하기도 하고 그 그리움에 겨운 눈물 훔친 적'도 있었다. 모두 아련한 북해 풍경이다.

이제 시인은 북쪽 바다의 물고기가 아니다. '붕새'가 되어 남쪽 바다를 향해 높이 날고자 하는 것이다.

목 시인이 이번에 내놓는 '곤'의 이야기, 『이제 퇴근합니다』는 새로운 비상(飛上)의 신호가 되고 그 증표가 될 것이다. 크게 축하할 일이다.

김운기 | 문학박사 수원 문인협회장

목경화 원장님의 퇴임을 축하하며

● 김가현 I 큰딸
어린 시절 엄마는 고등학교 무용 선생님 이셨다.
결혼을 하고 출산으로 학교를 그만두신 엄마는 어느 날부터 퇴근하는 아빠를 기다리며 일기를 쓰기 시작했고 딸들의 이야기 살아가는 일상의 이야기를 라디오에 사연을 적어 보내곤 하셨다. 아직도 기억나는 엄마의 사연...
내게 하얀 원피스를 떠서 학교에 입혀 보냈던 그 이야기가 라디오 스피커를 통해 나오던 엄마의 이야기 뭘 만들기를 좋아했던 엄마 그때는 어린 마음에 신기하고 좋았다. 이제 나이가 육십을 넘어 엄마는 마음의 시를 쓰신다 하늘나라로 먼저 보낸 아빠의 아픈 사연들, 그리고 우리 이야기.
퇴직을 앞두고 한 여자의 인생이 담겨 있는 시집발간, 마음을 다해 축하드리며 엄마의 딸이라 행복하고 엄마가 자랑스럽다.
감성이 풍부한 우리 가족이 나는 참 좋다.

● 김가은 I 작은딸
우리의 어렸을 적 앨범을 열어보면 사진 옆에 엄마의 쪽지들이 붙어있다.
그 글을 읽다 보면 사진 엄마의 마음을 온전히 느낄 수 있었다.
소풍 가는 날 싸주신 도시락을 열어보면 그 위에 짧은 편지가 들어있고, 가끔은 깜짝 이벤트로 학교 교무실에 편지를 보내주시기도 하셨다. 엄마는 편지 쓰는걸 좋아하셨고 평범한 하루에도 쪽지를 남겨주셨다. 직장 생활로 항상 바쁘셨던 엄마 글에서 나는 엄마의 사랑을 느낄 수 있었다.
아빠 돌아가시고 엄마는 시를 쓰기 시작하셨다. 누군가에게 말하지 못하는 슬픔을 아마도 시에 담아내신 듯했다.
엄마의 시는 언제나 아프고 그리움으로 가득하다. 이제 바빴던 순간에서 벗어나 퇴직을 하는 사랑하는 엄마에게 박수를 보내고 제2의 인생을 응원하고 싶다.
세상에서 제일 사랑하고 존경하는 우리 엄마

● 반향란 l 시댁형님(마산 미주약국 운영 · 약사 · 화가)

생활력이 강한 동서는 많은 능력을 가지고 있었지만 늘 남편 뒤에서 본인을 숙이고 내조를 다했습니다. 사별하고 동서의 심성이 외적인 무용에서 내면의 마음을 표출하는 시를 쓰기 시작했고, 시로 본인을 단단하고 안정적인 사람으로 변화 시켰습니다. 동서의 또 다른 앞날에 화사한 빛이 드리우길 바라면서, 퇴직 시집 발간과 시립매탄 어린이집 원장 퇴임을 축하합니다.

● 목경희 l 언니(수필가 · 시인)

내 동생 목경화 시인은 온전한 가인(佳人)의 재질을 다 갖춘 여인으로 감성 풍부한 글, 노래, 무용 다 방면으로 뛰어난 재능을 가진 팔방미인이다.
단단한 내적 중심으로 홀로서기에도 성공했지만 마음속 깊이 여린 속살이 매일매일 자라나는 부드러운 여자이기도 하다. 이제 시립 매탄 어린이집 원장 퇴직을 앞두고 살아온 그녀의 인생 발자취를 돌아보고 다가올 미래를 설레며 기다리는 인생 고백서에 찬사와 응원의 박수를 보낸다.

● 김현영 l 시립 바론 어린이집 원장

6년 전 국공립 원장으로 처음 자리하게 된 날, 목경화 원장님을 처음 뵙게 되었다. 반가운 경상도 억양의 좀 강한 인상의 원장님, 어린이집의 회장을 하신 경험과 국공립 어린이집 고문 역할과 감사를 역임하면서 내겐 좀 어려운 분이라 다가가지 못했다. 한 발짝 떨어진 곳에서 본 그녀는 정확하고, 강한 모습뿐이었지만, 우연한 기회에 이야기를 나누던 중 학창 시절 고등학교, 대학교 선배란 사실을 알게 되어 너무 신기했고 나랑 닮은 부분을 발견하고 놀라웠다. 가까이에서 본 그녀는 강함 속에 부드러움이 있었고 정확함 속에 융통성이 있었다. 자신이 옳다고 생각한 일은 어떤 불이익이 있을지라도 끝까지 밀고 가는 용기 있는 모습은 닮고 싶은 부분이다. "그동안 국공립 원장의 책임감과 우리들의 선배로서의 역할을 내려놓으시고 제2의 인생을 시작하시길 바라며 원장님과의 인연을 소중하게 이어가겠습니다. 이제 마지막 퇴근길이 환하게 밝기를 바라며, 새롭게 시작될 또 다른 길은 꽃길이길 기원합니다."

● 강순희 ㅣ 시립 오목천동 어린이집 원장

원장님을 생각하면 빨간 장미가 떠오르는 이유는 아마도 열정적인 모습과 꽃 중의 꽃인 아름다움을 갖고 있기 때문입니다. 누구보다 의욕이 넘치고, 늘 새로운 것에 도전하는 모습은 멋지고 아름답기까지 했습니다. 이제 퇴임과 동시에 인생의 제2 막을 시작하는 원장님을 응원하며 늘 새롭게! 늘 멋지게! 늘 신나게! 그리고 아름답게 삶을 만들어 가시길 바랍니다. 17년 동안 국공립 어린이집 원장으로서 모범이 되어주시고, 후배들에게 많은 도움을 주심에 감사드리며, 존경하는 마음을 담아 진심으로 퇴임을 축하드립니다.

● 최미란 ㅣ 수원문인협회 회원(시인 · 수필가)

물들지 않고 조화롭게 인내하는 연꽃처럼 내면에 진정한 아름다움을 지니신 목경화 시인님, 시립어린이집 원장님으로 오랫동안 아이들과 함께한 시간이 아름다운 시에 그대로 채색되어 맑은 영혼의 울림이 있습니다. 목경화 시인님 내면의 은은한 향기로 피워 낸 꽃, 인생 시집 「이제 퇴근합니다」 출간을 축하드리며 이제 펼쳐질 인생 2막도 꽃길만 걸어가시길 바랍니다.

● 석순옥 ㅣ 경기여류문인회 고문 · 수필가

목경화 선생님 바쁘신 중에도 옥고를 모아 퇴직 기념 시집을 출간하신다니 축하드립니다. 항상 밝고 건강한 웃음으로 인자함과 친절이 몸에 밴 듯 책임을 다하시는 목경화 원장님, 그리움을 시로 승화시키고 노래로 토해 내는 것 또한 아무나 할 수 있는 일은 아닌 듯합니다. 퇴직 후에도 변함없이 예쁜 모습 간직하고 문학인으로 거듭나길 바랍니다.

● 장남일 ㅣ 동탄 경희 푸른 한의원 원장

누군가에게는 따뜻한 위로로, 어떤 이에게는 든든한 믿음으로, 그리고 이 글을 마주하는 모든 이에게 건네는 상냥한 인사로, 이 책이 여러분들에게 소중한 감동과 위안이 되리라 믿습니다. 목경화 원장님과 이야기하다 보면 그렇게 믿게 되고 덕분에 행복해졌습니다.

● 홍기환ㅣ신화스포츠테인먼트 대표

에메랄드빛을 닮은 화려한 목경화 원장님, 화려한 외모 그리고 여린 감성 어린 시 한 줄 한 편의 영화를 보는듯한 글귀에 늘 감동하곤 합니다.
카리스마 뒤에 숨겨진 여동생 같은 수줍은 미소는 또 다른 매력을 지니신 분, 이제 정년퇴직을 앞두고 시집 출간을 축하드립니다.

● 방영숙ㅣ창조역량연구소 대표

시인이기도 한 목경화 원장이 퇴직 기념 시집을 출판한다니 무언지 모르게 아련한 기분이 든다.
「이 세상이 아니면 저세상에서라도 널 지지해 줄 테다 널 사랑하는 그리고 너로부터 사랑받기를 원하는 엄마가」 그레이스 헤밍웨이의 글이 떠오른다. 그 이유는 목경화 원장은 효녀이면서도 딸들에게 엄마로서 본을 보여주며 살아가고 있는 모습이 어린이집을 운영하면서도 모범적인 운영으로 이제 정년퇴직을 맞이하는 원장님께 칭찬과 앞으로 계획하는 시간에 응원을 보낸다.

● 유경자ㅣ시립매탄어린이집 퇴직교사

존경하는 목경화 원장님, 원장님은 한마디로 당찬 사람입니다.
일에 있어서는 편안함에 안주하지 않고 아이들의 행복을 위해 끝없이 연구하고 노력하며 실천하는 열정이 넘쳐나며, 항상 긍정적이고 따뜻한 말들로 하루 종일 가슴속에 꽃을 피우게 하는 사람 슬픈 이별을 하고 '시'를 만나 아픔을 치유하고 사랑을 채워가는 감성 풍부한 시인이 되신 목경화 원장님.
원장님과 함께한 12년 세월의 시간이 아직도 기억 한 컨에 자리 잡고 있습니다. 퇴직하실 때까지 보필하고자 했던 약속을 못 지켜 내내 죄송했는데 이제 마지막 퇴근을 앞두고 계시니 그동안의 노고에 박수를 보냅니다.
원장님 새롭게 시작될 제2의 인생 앞으로의 행복한 일상과 새로운 도전을 진심으로 응원합니다.

● **이정은 | 시립매탄어린이집 주임교사**

시립매탄어린이집의 큰 기둥이신 목경화 원장님, 어린이집은 예고 없이 무수히 많은 일이 발생한다.
그럴 때마다 중심을 가지고 올바른 방법으로 해결해주신다.
목경화 원장님은 아이들에게도 학부모, 교사들도 늘 사랑으로 대해주시고 소통하시기 때문에 매탄동에서 학부모님, 교사들에게 만족도가 매우 높다. 원장님의 제 2막의 인생 우리 교사들 모두 응원합니다.

● **신혜인 | 시립매탄어린이집 학부모 운영위원(나윤, 재윤 엄마)**

3년 전 큰딸 아이를 어린이집에 보낼 때 어디 어린이집에 보낼까 하며 이곳저곳 알아보고 있던 중 마음에 드는 곳이 없었다. 그때 마침 시립 매탄어린이집에서 입소 확정 연락이 왔다. 워낙 대기 아동이 많아 기대도 안 하고 있었는데 지역에서 소문난 어린이집 이였기에 너무 기뻤다. 그것이 3년 전 일이다.
지금은 큰아이뿐 아니라 둘째까지 보내고 있다. 지난 몇 년 동안 지켜본 목경화 원장님은 부모교육도 직접 하시며 부모님들과 소통하는 것을 중요하게 생각하시며 등 하원 때 인사 나누며 부모님들과 많은 이야기를 나누곤 하시는 모습이 인상적이었다. 부모들에게 상담도 직접 하시고 유익한 조언을 많이 해 주신다.
아이들에겐 인성교육과 사랑을 채워주시는 에너지 넘치고 다재다능한 원장님이시다. 우리 매탄 어린이집의 반 이름인 사랑이 가득한, 미소가 가득한, 행복이 가득한, 그리고 희망이 가득한 반 이름처럼 언제나 사랑과 미소와 행복 희망이 가득하길 기원합니다.
그동안의 헌신에 박수를 보내드리며 앞으로의 삶을 응원합니다!
그리고 존경합니다!

● 박혜경 l 수원시 여성 팔달자문 위원

그녀와 저녁 먹으며 수다 삼매경에 빠져 새벽에서야 헤어졌다.
다음날 브런치 먹자고 전화했더니 아무런 이유도 묻지 않고 나와 마주 앉는다.
삶의 이야기를 도란도란 이어가는 때 묻지 않은 순수한 그런 그녀 목경화~
유쾌하고 때론 그리움에 가슴을 쓸어내리는 그녀가 나의 친구다.
그녀가 이제 정년퇴직을 한다. 퇴직 기념 시집 「이제 퇴근합니다」 축복의 입맞춤을 한다. 경화 씨 축하합니다.

● 윤은주 l 마산여자상업고등학교 제자

뒤돌아보면 큰 파도를 만난 흔들리는 배와 같았던 나의 사춘기 시절
갈팡질팡하며 떠도는 여고시절 나를 붙잡아주고 나의 곁을 지켜주셨던 선생님.
따뜻한 언니 같기도, 편안한 친구 같기도 했던 나의 선생님. 얼마나 애타게 찾고 그리워했는지 진정한 선생님의 존재를 느끼게 해 주신 목경화 선생님을 다시 뵙게 되어 너무도 감사했습니다. 평생 소중한 인연으로 이어갈 수 있기를...

● 이옥란 l 영재학원 부원장

내 친구 경화는 많은 재주를 가진 축복 받은 여인이다. 겉으로 보이는 모습은 단호함으로 무장된 듯 보이지만 마음은 소녀처럼 순수한 감성을 지녔다.
사적인 자리에선 눈물지으며 우리들의 얘기를 쉼 없이 조잘거릴 수 있는 친구
그녀의 재주와 꽃피워 내는 열정과 적극성에 찬사를 보낸다.
"She always inspires me"
붉게 물드는 고즈넉한 저녁노을 바라보며, 우리가 같이 걸어갈 나의 멋진 친구.